essentials

essentials liefern aktuelles Wissen in konzentrierter Form. Die Essenz dessen, worauf es als „State-of-the-Art" in der gegenwärtigen Fachdiskussion oder in der Praxis ankommt. *essentials* informieren schnell, unkompliziert und verständlich

- als Einführung in ein aktuelles Thema aus Ihrem Fachgebiet
- als Einstieg in ein für Sie noch unbekanntes Themenfeld
- als Einblick, um zum Thema mitreden zu können

Die Bücher in elektronischer und gedruckter Form bringen das Expertenwissen von Springer-Fachautoren kompakt zur Darstellung. Sie sind besonders für die Nutzung als eBook auf Tablet-PCs, eBook-Readern und Smartphones geeignet. *essentials:* Wissensbausteine aus den Wirtschafts-, Sozial- und Geisteswissenschaften, aus Technik und Naturwissenschaften sowie aus Medizin, Psychologie und Gesundheitsberufen. Von renommierten Autoren aller Springer-Verlagsmarken.

Weitere Bände in der Reihe http://www.springer.com/series/13088

Frank Balsliemke · Anika Behrens

Einstieg in Lean Administration

Optimierungspotentiale in Büro und Verwaltung erkennen

Frank Balsliemke
Professur für Betriebswirtschaftslehre, Lebensmittelproduktion, Lean Management, Hochschule Osnabrück
Osnabrück, Deutschland

Anika Behrens
Hochschule Osnabrück
Osnabrück, Deutschland

ISSN 2197-6708 ISSN 2197-6716 (electronic)
essentials
ISBN 978-3-658-27867-0 ISBN 978-3-658-27868-7 (eBook)
https://doi.org/10.1007/978-3-658-27868-7

Die Deutsche Nationalbibliothek verzeichnet diese Publikation in der Deutschen Nationalbibliografie; detaillierte bibliografische Daten sind im Internet über http://dnb.d-nb.de abrufbar.

Springer Gabler

Springer Gabler ist ein Imprint der eingetragenen Gesellschaft Springer Fachmedien Wiesbaden GmbH und ist ein Teil von Springer Nature.
Die Anschrift der Gesellschaft ist: Abraham-Lincoln-Str. 46, 65189 Wiesbaden, Germany

Was Sie in diesem *essential* finden können

- Lean Management im indirekten Bereich
- Einstieg und erste Schritte in Lean Administration bzw. Lean Office
- Unterschiede zwischen Wertschöpfung und Verschwendung in Büro und Verwaltung
- Hinweise zur Identifikation von Verschwendung in Büro und Verwaltung mit Hilfe von SIPOC, RACI, Makigami und anderen Methoden

Vorwort

Eine große Herausforderung sowohl für das produzierende Gewerbe als auch für Dienstleistungsunternehmen besteht heute mehr und mehr darin, Kundenwünsche individuell in immer kürzeren Zyklen und in höchster Qualität zu erfüllen. Um diese Herausforderung meistern zu können, braucht es kurze Durchlaufzeiten, eine Reduktion der Prozesskosten, zuverlässige und flexible Abläufe sowie motivierte Mitarbeiter. Unternehmen müssen für diesen Wettbewerb gerüstet sein und eine kontinuierliche Verbesserung vorantreiben, die immer wieder neue Optimierungspotentiale aufdeckt.

Lean Management ist ein möglicher und seit vielen Jahren anerkannter Ansatz, um dieser Herausforderung zu begegnen. In der Produktion zahlreicher Unternehmen der verschiedensten Branchen ist das Thema nahezu selbstverständlich geworden. Im indirekten Bereich aber, also zum Beispiel im Einkauf, in der Buchhaltung, im Vertrieb oder in der Arbeitsvorbereitung, ist die entsprechende Philosophie des Lean Office oder der Lean Administration noch wenig verbreitet. In vielen Unternehmen sind entsprechende Ansätze sogar völlig unbekannt. Vor diesem Hintergrund ist eine Studie des Fraunhofer Instituts für Produktionstechnik und Automatisierung aus dem Jahr 2010 (Kurztitel: „Lean Office 2010“) sehr aufschlussreich: In dieser Befragung äußern sich 352 Befragte aller Führungsebenen und Fachbereiche unter anderem zum Entwicklungsstand ihrer Abläufe in Büro und Verwaltung: Demnach entfallen im Durchschnitt aller Angaben 27 % der täglichen Arbeit im indirekten Bereich auf die sogenannte Verschwendung. Mehr als ein Viertel der Arbeitszeit ist demnach nicht zielführend oder besser gesagt nicht wertschöpfend. Das ist jeder vierte Arbeitstag im indirekten Bereich.[1]

Aber was ist überhaupt Verschwendung, insbesondere im indirekten Bereich? Wie wird sie erkannt? Wie wird Verschwendung vermieden? Antworten auf diese Fragen geben die folgenden Kapitel.

Prof. Dr. Frank Balsliemke
Anika Behrens

[1]Vergleich zu den Ergebnissen der Studie Westkämper, Sihn (2010), S. 26.

Inhaltsverzeichnis

Einleitung 1

Eine Studie des Fraunhofer Instituts für Produktionstechnik und Automatisierung aus dem Jahr 2010 (Kurztitel: „Lean Office 2010") belegt das Potenzial für Lean Administration: Im Durchschnitt entfallen in den Unternehmen der Studienteilnehmer 27 % der täglichen Arbeitszeit auf die sogenannte Verschwendung. Das ist in Summe mehr als jeder vierte Arbeitstag im Büro. Die Ursachen dafür erscheinen bereits auf den ersten Blick nachvollziehbar. So geben in der Studie 55 % der Befragten an, dass diese sogenannte Verschwendung insbesondere durch schlecht abgestimmte Prozesse zwischen verschiedenen Abteilungen hervorgerufen wird. Bereits elementare Prozesse wie zum Beispiel die Auftragsabwicklung oder eine daran anschließende mögliche Abwicklung von Reklamationen werden dadurch unnötig behindert und die Prozessdurchlaufzeit erhöht sich. Weitere 30 % der Antworten in der Studie nennen unstrukturierte und unübersichtliche Arbeitsplätze als Gründe für Verschwendung in der Verwaltung.[1] Abb. 1.1 fasst die Daten übersichtlich zusammen.

In der dargestellten Situation steckt ein erhebliches Potential für Optimierungen. Es fehlt aber zumeist an der Umsetzung. Warum ist das eigentlich so? Eine häufig genannte Antwort in den Büros der Unternehmen ist: Agabu! Diese Abkürzung steht für **A**lles **g**anz **a**nders **b**ei **u**ns! Tatsächlich stehen im indirekten Bereich eher Informationen im Mittelpunkt, während es in der Produktion im Wesentlichen um die Gestaltung von Materialflüssen geht. Tatsächlich sind Geschäftsprozesse in Büro und Verwaltung dadurch weit weniger transparent als Produktionsprozesse. Während in der Produktion eine Messung von Durchlaufzeiten, Produktivität und Qualität schon seit Jahrzehnten ein völlig selbstverständlicher Standard ist, ist

[1]Vergleich zu den Ergebnissen der Studie Westkämper, Sihn (2010), S. 26.

F. Balsliemke und A. Behrens, *Einstieg in Lean Administration*, essentials,
https://doi.org/10.1007/978-3-658-27868-7_1

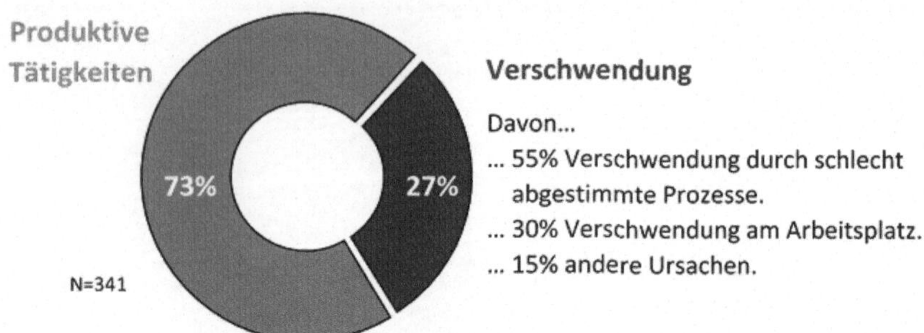

Abb. 1.1 Verschwendung im administrativen Bereich. (Quelle: Westkämper, Sihn (2011), S. 26)

dies in der Verwaltung weitgehend unüblich. Lange und wenig strukturierte Prozesse sind häufig die Folge, Fehler in Prozessen werden dadurch wahrscheinlicher. Ziel muss eine Steigerung der Transparenz sowie eine bessere Beherrschung der Komplexität sein. Dies wird zum entscheidenden Erfolgsfaktor für die nachhaltige und wirkungsvolle Umsetzung von Lean Management im ganzen Unternehmen.[2]

Die indirekten Bereiche im Unternehmen tragen erheblich zu den anfallenden Gemeinkosten bei. Sie nehmen darüber hinaus in Ihrer Bedeutung stetig zu. Deshalb versucht dieses *essential* im Folgenden die Grundlagen von Lean Administration aufzuzeigen und stellt erste Ansätze vor, die bei der Reduzierung von Verschwendung in Büro und Verwaltung Anwendung finden können.

[2]Vgl. zu diesen Ausführungen u. a. Wiegand, Franck (2011), S. I bis IV.

2 Lean Management – Was ist das eigentlich?

Lean Management meint die Erstellung von Gütern und Dienstleistungen bei niedrigen Kosten flexibel sowie kunden- und mitarbeiterorientiert. Das bedeutet eine konsequente zeitliche und mengenmäßige Ausrichtung am Bedarf und an den Wünschen des Kunden: **Just-in-time.** Dies wiederum kann nur erreicht werden durch eine umfassende **Prozessorientierung** und hohe **Flexibilität** mit geringen Rüstzeiten und daraus folgenden kleinen Fertigungslosen. Das übergeordnete Ziel, oder besser die übergeordnete Philosophie, ist **One-Piece-Flow.** Angestrebt wird das Ideal von **100 % Wertschöpfung:** Null Fehler, keine Verschwendung, geringe Lagerbestände. Die Umsetzung der Ziele erfolgt durch die Anwendung des Grundgedankens der ständigen täglichen Verbesserung in kleinen Schritten: **Kaizen.** Zusammenfassend lässt sich deshalb in Kurzform sagen: Lean Management heißt Werte für die Kunden zu schaffen, ohne **Verschwendung** (im Japanischen: *Muda*) entstehen zu lassen.

Verschwendung ist jede Tätigkeit, die den Wert eines Produktes aus Kundensicht nicht erhöht. Sie ist zu vermeiden. Optimiert und gefördert werden lediglich die werterhöhenden Aktivitäten. Sie verändern Materialien und Zwischenprodukte entsprechend der preis- und absatzrelevanten Kundenanforderungen. Kurz gesagt: Wofür bezahlt der Kunde? Beispiele sind das Schmieden von Rohmaterial, Schweißen oder Lackieren und die Montage von vorgefertigten Einzelteilen. Über diese enge Definition hinaus hat sich in der betrieblichen Praxis eine etwas detailliertere Differenzierung der Verschwendung durchgesetzt. Dabei werden die so genannten nicht-wertschöpfenden Tätigkeiten und die offensichtliche Verschwendung unterschieden. **Nicht-wertschöpfende Tätigkeiten** werden auch als verdeckte Verschwendung bezeichnet und steuern keinen wertsteigernden Anteil zum Produkt bei. Sie sind aber unter den gegebenen technischen Umständen zunächst nicht zu vermeiden. Beispiele sind

F. Balsliemke und A. Behrens, *Einstieg in Lean Administration*, essentials,
https://doi.org/10.1007/978-3-658-27868-7_2

etwa das Umrüsten von Maschinen bei mehreren Produktarten oder das regelmäßige Nachfüllen von Material an einer technischen Anlage. Der Anteil dieser Tätigkeiten kann lediglich reduziert, aber aktuell nicht vollständig beseitigt werden. **Offensichtliche Verschwendung** dagegen sollte sofort und unmittelbar aus dem Prozess eliminiert werden. Typische Beispiele in dieser Kategorie sind eine doppelte Handhabung von Teilen, Suchvorgänge, störungsbedingte Wartezeiten oder lange Transportwege zum Heranholen benötigter Materialien. Abb. 2.1 fasst die Abgrenzung der Begriffe zusammen.

An dieser Stelle soll kurz auf zwei sprachliche Missverständnisse hingewiesen werden, die im Zusammenhang mit Lean Management häufig zu beobachten sind. So führt die verbreitete deutsche Übersetzung des englischen Wortes *Lean* mit dem Begriff *Schlank* nicht selten zu der falschen Annahme, es gehe um eine reine Verschlankung von Prozessen im Sinne eines konsequenten Abbaus von Personal. Tatsächlich aber ist das Gegenteil der Fall: Arbeitsplatzsicherheit und Arbeitssicherheit stehen im Lean Management stets an erster Stelle; Personalentwicklung ist eines der vorrangig verfolgten Ziele. Gerade in der heutigen Zeit des Fachkräftemangels kann Lean Management dadurch durchaus auch als Konzept zur langfristigen Mitarbeiterbindung verstanden werden.

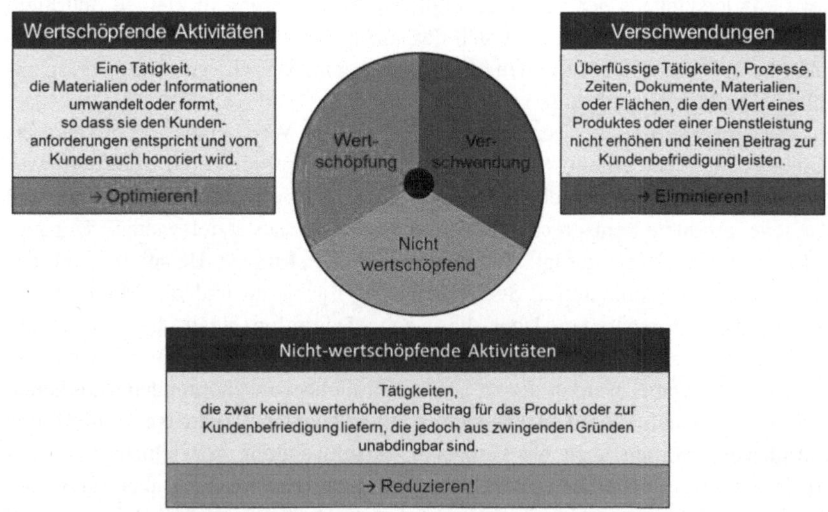

Abb. 2.1 Wertschöpfung und Verschwendung im Überblick. (Quelle: In Anlehnung an Wiegand, Franck (2011), S. 29)

Das zweite sprachliche Missverständnis ergibt sich aus der Verwendung des oben definierten Begriffs der Verschwendung. Die japanische Muttersprachlerin *Furukawa-Caspary* weist hier auf eine falsche Übertragung des ursprünglichen japanischen Begriffes *Muda* in die deutsche Sprache hin. Die wörtliche Übersetzung von *Muda* lautet demnach nicht Verschwendung, sondern im übertragenen Sinn eher so viel wie „lohnt nicht", „bringt nichts" oder „sinnlos". Der deutsche Begriff der Verschwendung sei demnach durch die Übersetzung der japanischen Quellen ins Englische entstanden: Dort wurde für *Muda* der englische Begriff *Waste* verwendet, der dann recht frei in die deutsche Sprache übertragen wurde. Daraus ergibt sich ein wesentlicher Unterschied: Ein Verschwender ist auch im deutschen Sprachgebrauch jemand, der sich ganz grundsätzlich falsch verhält. Wer dagegen *Muda* im ursprünglichen Sinn betreibt, verhält sich nicht grundsätzlich falsch, sondern schadet sich nur selbst: Man macht sich eine sinnlose Mühe; die Zeit könnte besser verwendet werden.[1] Da sich der Begriff der Verschwendung im deutschen Sprachraum bisher durchgesetzt hat, wird er im weiteren Verlauf dieses *essentials* weiter verwendet. Eine kleine Anpassung der Definition von Lean Management wäre auf Basis der dargestellten Überlegungen aber möglich: Lean Management bedeutet die Schaffung von Werten aus Kundensicht – ohne dabei sinnlose, nicht zielführende Tätigkeiten durchzuführen.

[1]Vgl. Furukawa-Caspary (2016), S. 75–82.

Lean Management – Herausforderungen in der Verwaltung

3

Die sogenannte Lean Administration befasst sich mit der Optimierung von Büro- und Verwaltungsprozessen, also im Gegensatz zu den produzierenden Unternehmensbereichen im Wesentlichen mit der Handhabung von Informationen anstelle einer Bearbeitung von Material. Indirekte Unternehmensbereiche sind darüber hinaus in der Regel nicht direkt an dem Prozess der physischen Leistungserstellung beteiligt, sondern führen vorauseilende, begleitende und nachgelagerte Tätigkeiten aus, damit das Produkt durch die direkten Unternehmensbereiche überhaupt erstellt werden kann.

Der Begriff *Lean Administration* findet vor allem im deutschsprachigen Raum Anwendung, während in englischsprachigen sowie in amerikanischen Publikationen teilweise der Begriff *Lean Office* gebräuchlicher ist. Unabhängig von der Bezeichnung ist die Herausforderung bei der Einführung von schlanken Prozessen im administrativen Bereich aber immer die gleiche: Schlecht oder kaum strukturierte Prozesse. Zur mangelnden Strukturierung trägt fehlende Transparenz maßgeblich bei: Im Gegensatz zu den direkten Bereichen eines Unternehmens gibt es in den administrativen Bereichen kaum bis gar keine prozessbezogenen Kennzahlen. Im Einkauf, im Vertrieb, in der Buchhaltung und den anderen indirekten Bereichen eines Unternehmens ist die Messung von Durchlaufzeiten, Produktivitätsgrößen oder Fehlerraten praktisch nicht üblich. Werden aber Maßnahmen zur Optimierung von Prozessen definiert, so ist eine konkrete und greifbare Zielvorgabe eine wesentliche Voraussetzung für den Erfolg. Gibt es keine Kennzahlen, so fällt es Mitarbeitern in der Regel schwer, Verbesserungsansätze zu finden und daran zu arbeiten.

Aber ist es überhaupt richtig, Prozesse in Büro und Verwaltung nicht zu messen? Liegen nicht vielmehr auch hier eindeutige Abläufe mit klar definiertem

F. Balsliemke und A. Behrens, *Einstieg in Lean Administration*, essentials,
https://doi.org/10.1007/978-3-658-27868-7_3

Input und Output und messbaren Kriterien der Zielerreichung vor? Bei genauerer Betrachtung wird deutlich: Die meisten Tätigkeiten in der Verwaltung sind, genauso wie in der Produktion, nichts anderes als regelmäßig wiederkehrende Prozesse für zumeist interne Kunden. Eine Messung des jeweiligen Prozesserfolgs, zum Beispiel die Erfassung von Durchlaufzeiten, ist möglich. Hier seien einige Beispiele für entsprechende repetitive Prozesse in der Administration genannt:

- Erstellung von Reisekostenabrechnungen
- Abwicklung von Bestellungen
- Bearbeitung von Urlaubsanträgen
- Durchführung von Rechnungsstellung, Rechnungsprüfung usw.
- Einrichtung bzw. Ausstattung von neuen Arbeitsplätzen
- Deckung eines Personalbedarfs inklusive Vertragsgestaltung

Wie in der Produktion liegen auch in der Verwaltung überwiegend standardisierbare und messbare Arbeitsabläufe vor, die mit geeigneten Methoden visualisiert und definiert werden können. Warum ist eine entsprechende Visualisierung und Definition in vielen indirekten Bereichen bisher nicht erfolgt? Eine wesentliche Ursache ist sicherlich in der Führungsstruktur indirekter Bereiche zu sehen: Der Produktionsbereich eines Unternehmens ist zumeist einer einzelnen verantwortlichen Person unterstellt. Diese Produktions-, Betriebs- oder Werksleitung hat den Gesamtprozess übergreifend im Blick. Dagegen finden Prozesse im indirekten Bereich fast immer abteilungsübergreifend statt, ohne dass es eine eindeutig für den gesamten Ablauf verantwortliche Person gäbe, die unterhalb der Geschäftsleitung angesiedelt wäre. Dies führt zu einem vermehrten Abstimmungsbedarf zwischen den Abteilungen, zum Beispiel zwischen Einkauf, Qualitätssicherung und Controlling, mit deutlicher Tendenz zu einer eher auf die eigene Abteilung bezogenen Blickrichtung der jeweils verantwortlichen Person. Eine Perspektive über den gesamten Prozessablauf hinweg fehlt zumeist nicht nur, sie ist manchmal mindestens durch einzelne Personen auch gar nicht gewünscht.

4 Lean Administration – Acht Arten der Verschwendung in der Verwaltung

In den vorangehenden Kapiteln wurde es bereits definiert: Jede Tätigkeit, die den Wert eines Produktes aus Kundensicht nicht erhöht, ist **Verschwendung** und als solche zu vermeiden. Optimiert und gefördert werden lediglich die werterhöhenden Aktivitäten. Sie verändern Materialien und Zwischenprodukte entsprechend der preis- und absatzrelevanten Kundenanforderungen. In der Verwaltung besteht nun die Schwierigkeit, dass anstelle einer unmittelbaren lediglich eine mittelbare Beteiligung der betrachteten Prozesse an der kundenrelevanten Gestaltung der Produkte erfolgt. Eine Identifikation der Verschwendung wird dadurch erschwert. Deshalb werden im Folgenden die sowohl in der Literatur als auch in der betrieblichen Praxis zumeist unterschiedenen acht Arten der Verschwendung zunächst aus Sicht der Produktion erläutert und jeweils anschließend anhand von Beispielen auf Abläufe im Büro übertragen. Die üblicherweise unterschiedenen und im Folgenden beschriebenen acht Formen der Verschwendung sind:[1]

- Überproduktion
- Lagerbestände
- Wartezeiten, Verzögerungen, Leerlauf
- Ausschuss, Nacharbeit, Fehler
- Transporte
- Unnötige Bearbeitungen bzw. Prozessschritte
- Ineffiziente bzw. unnötige Bewegungsabläufe
- Ungenutzte Potentiale der Mitarbeiter

[1]Vgl. Ohno (2013), S. 52 ff.

F. Balsliemke und A. Behrens, *Einstieg in Lean Administration,* essentials,
https://doi.org/10.1007/978-3-658-27868-7_4

Überproduktion zeigt sich in der Produktion einerseits, wenn größere Mengen hergestellt werden, als überhaupt für die nachfolgenden Prozesse bzw. den Kunden benötigt werden. Ursache ist zum Beispiel der Versuch eines Ausgleichs von erwartetem Ausschuss oder die Erhöhung der kurzfristigen Auslastung von Maschinen. Demgegenüber entsteht Überproduktion aber auch, wenn eine in der Höhe zwar benötigte Produktmenge bereits vor dem gegebenen Lieferzeitpunkt und damit zu früh fertiggestellt wird. In beiden Fällen müssen diese nicht-wertschöpfenden Abweichungen vom Idealzustand durch Lagerbestände ausgeglichen werden. Überproduktion wird deshalb in der Literatur in der Regel als zentrale Form der Verschwendung betrachtet, weil sie einige der anderen Arten überhaupt erst auslöst. Dennoch wird sie in der betrieblichen Praxis häufig nur sehr zögerlich als Verschwendung akzeptiert. So vermittelt ein durch Überproduktion ausgelöster Bestand den Verantwortlichen ein Gefühl von Sicherheit gegenüber Störungen oder Bedarfsschwankungen. Die folgenden Beispiele zeigen, dass dieses Gefühl von Sicherheit durchaus auch in Verwaltungsprozessen eine nicht unerhebliche Rolle zu spielen scheint. Überproduktion zeigt sich dort unter anderem wie folgt:

- Überflüssige oder nicht mehr benötigte Daten und Informationen werden gesammelt, aufbereitet und an zu viele Adressaten verteilt.
- Zu viele Kopien von Formularen werden unnötig erstellt.
- Zu lange und zu viele E-Mails, die häufig dennoch nicht alle erforderlichen Informationen enthalten und an einen zu großen Verteiler gehen.
- Mehrfaches Eingeben oder Prüfen von Daten, z. B. durch Medienbrüche.

Lagerbestände können im Produktionsumfeld außer auf Überproduktion auch auf nicht abgestimmte Takt- oder Prozesszeiten von aufeinanderfolgenden Fertigungsschritten zurückzuführen sein. Produziert ein vorhergehendes Teilsystem schneller als das nachfolgende, entstehen Aufstaulager. Arbeitet dagegen das vorhergehende Teilsystem langsamer, muss ein Zerreißlager durch zeitlich vorgezogene Überschussproduktion eingerichtet werden, um eine fortlaufende Fertigung zu gewährleisten. In Verwaltungsprozessen können Bestände auch durch eine seit Jahren gewohnte Stapelverarbeitung entstehen, zum Beispiel: „Montag ist der Tag für Reisekostenabrechnungen." Ungleiche Taktzeiten aufeinanderfolgender Arbeitsschritte sind deshalb auch in der Verwaltung eine wesentliche Ursache für Bestände. Nur einheitliche Takte gewährleisten eine fortlaufende Abarbeitung. Typische Beispiele für Lagerbestände im Büro sind:

- Gesammelte Daten und entsprechende Dateien in übervollen und unstrukturierten Netzlaufwerken.
- Traditionelle Ablage in Aktenordnern, die über Jahre nicht hinterfragt wird.
- Mehrfachablagen redundanter Daten oder Formulare.
- Nicht bearbeitete Auftragseingänge aufgrund von Abwesenheit (Urlaub, Krankheit) der zuständigen Person.
- Mailanfragen von Kunden, die unbeantwortet im Posteingang warten.
- Zu viel Material am Arbeitsplatz. Bestände an Büromaterial.

Wartezeiten, Verzögerungen und **Leerlauf** zeigen sich im nicht produktiv genutzten Anteil der Arbeitszeit von direkten Fertigungsmitarbeitern. Diese warten dann darauf, die wertschöpfende Bearbeitung der Materialien und Zwischenprodukte fortsetzen zu können. Als Ursache für diese Verzögerungen lassen sich einige typische Aspekte ausmachen. Dazu zählen Rüstvorgänge oder das Warten auf fehlendes Material. Grundsätzlich wirken im indirekten Bereich die gleichen Mechanismen:

- Geistige Rüstvorgänge: Permanente (telefonische) Anfragen, viel zu viele E-Mails und viele Besprechungen machen es erforderlich, sich wiederholt in dieselben Geschäftsfälle neu einarbeiten zu müssen.
- Ein Antrag kann nicht bearbeitet werden, weil nicht alle Unterlagen oder nicht alle erforderlichen Informationen vorliegen. Die Bearbeitung startet dadurch wiederholt neu.
- Zu viele Schnittstellen im Prozess.
- Zu viele Medienbrüche im Prozess: Software- bzw. Programmwechsel.
- Unpünktlichkeit in Besprechungen.

Ausschuss, Nacharbeit und **Fehler** sind die greifbarste Form der Verschwendung, denn die unmittelbare Wirkung auf die Kosten wird hier besonders deutlich: Sämtliche Bearbeitungsschritte bis zum Zeitpunkt der Entdeckung eines Fehlers sind rückwirkend nicht-wertschöpfend und das betreffende Teil ist erneut herzustellen. Ist eine vollständige Vermeidung dieser Verschwendung durch Null-Fehler-Produktion nicht möglich, dann gilt: Je früher eine fehlerhafte Bearbeitung erkannt wird, desto geringer sind die durch den Fehler auftretenden Kosten. Dies betont auch noch einmal die Bedeutung von Lagerbeständen: Durch Überschussproduktion ausgelöst sorgen sie für lange Wartezeiten der Teile vor dem nächsten Bearbeitungsschritt. Befindet sich dann tatsächlich Ausschuss in den Beständen, dauert es entsprechend lange, bis dieser überhaupt entdeckt werden kann. Die Ursachen eines Fehlers sind dann häufig nur noch schwer nachzuvollziehen und die Folgekosten zum Beispiel durch Nacharbeit sind hoch. Auch hier besteht grundsätzlich in den Abläufen der Verwaltung kein wesentlicher Unterschied, weder in den Ursachen noch in den Zielen: Ergebnisse optimaler Prozesse passen von Anfang an. Sie benötigen keine Prüfungen oder Kontrollen. Ein typisches Schlagwort dazu ist: *„Richtig beim ersten Mal! Stopp beim ersten Fehler!"* Beispiele für Ausschuss, Nacharbeit und Fehler im Büro sind:

- Ein Dokument ist fehlerhaft ausgefüllt. Nachfragen sind erforderlich.
- Dokumente werden an die falschen Adressaten weitergegeben und entsprechend wieder zurückgesendet.
- Viele Rückfragen bei vorgelagerten Prozessschritten.
- Weitergabe falscher Daten oder Informationen.
- Falsche Daten werden in ein Dokument eingefügt.

Transport von einem Punkt A zu einem Punkt B erhöht praktisch nie den Wert eines Produktes und ist deshalb nach Möglichkeit zu vermeiden. Es spielt dabei keine Rolle, ob es sich um Produkte, Materialien, Dokumente oder Informationen handelt. Beispiele in der Verwaltung sind unter anderem in den folgenden Punkten zu sehen:

- Der Weg, den ein Antrag entlang der Prozesskette aller zuständigen Personen zurücklegt.
- Informationstransport über zu viele Verantwortliche.
- Datentransport aufgrund zu vieler Schnittstellen in einem Prozess.
- Der Weg eines Telefonanrufs bis zur richtigen Ansprechpartnerin.
- Datentransport zwischen zwei eingesetzten Softwarelösungen,
- z. B. zwischen einer Tabellenkalkulation und dem ERP-System.
- Umfangreiche, papiergebundene Hauspost.

Unnötige Bearbeitungen und **unnötige Prozessschritte** sind Tätigkeiten am Zwischen- oder Endprodukt, die bei optimaler Prozessgestaltung entfallen könnten. Beispiele sind unter anderem jede Form der Sichtprüfung und der Nacharbeit. Diese sind zur Herstellung eines Produktes nicht erforderlich, sondern fallen nur deshalb an, weil die zugehörigen Prozesse nicht optimal arbeiten oder einen Fehler nicht selbstständig erkennen. In Büro und Verwaltung sind unter anderem folgende Aspekte zu beobachten:

- Manuelle Datenerfassung, wo eine softwaregestützte Datensammlung möglich wäre.
- Mehrfacherfassung von Daten.
- Für die Bestellung von einfachem Büromaterial müssen mehrere Genehmigungen eingeholt werden.
- Arbeitsschritte müssen mehrfach erledigt werden, weil ein Formular nicht richtig ausgefüllt oder eine Einladung mit falschem Datum versendet wurde.
- Unnötige Meetings. Unnötige E-Mails.
- Vier-Augen-Prinzip zur (unnötigen) Absicherung von Prozessergebnissen.

Ineffiziente Bewegungsabläufe ergeben sich in der Fertigung unter anderem, wenn Mitarbeiter durch die Anordnung der Betriebsmittel zu langen Laufwegen gezwungen werden. Darüber hinaus kann es ebenfalls zu ineffizienten Bewegungsabläufen kommen, wenn Menschen die ihnen gegebenen Freiheitsgrade am Arbeitsplatz entgegen dem eigentlich festgelegten Standard nutzen. Darüber hinaus zählt die Suche nach Werkzeugen oder Informationen ebenso zu den unnötigen Bewegungen wie das Heranholen notwendiger Gegenstände über größere Entfernungen. Alle genannten Aspekte treten in Verwaltungsbereichen in der gleichen Art und Weise auf wie in der Produktion:

- Sachbearbeiter, die einen Auftrag grundsätzlich gemeinsam bearbeiten, sitzen räumlich weit auseinander und sind nicht optimal vernetzt.
- Lange Wege von Mitarbeitern, um Materialien des täglichen Bedarfs zu erreichen oder (unnötige) Kopien aus weit entfernten Druckern zu holen.
- Erforderliche Dokumente auf dem Server suchen.
- Zu viele Medienbrüche innerhalb eines Workflows. Zum Beispiel papierbasierte gegenüber digitalen Formularen.
- Unklare Zuständigkeiten. Abteilungsdenken.
- Ergonomie am Arbeitsplatz.

Ungenutzte Potentiale der Mitarbeiter sind die achte Form der Verschwendung. Diese entsteht unabhängig vom jeweils betrachteten Unternehmensbereich, wenn die häufig langjährigen Kenntnisse und Erfahrungen der Mitarbeiter nicht regelmäßig und auf sinnvolle Weise aktiv für die tägliche Verbesserungsarbeit genutzt werden:

- Das kreative Potential der eigenen Mitarbeiter ungenutzt lassen.
- Ideen und Verbesserungsvorschläge der Mitarbeiter werden nicht täglich aktiv „abgeholt“ und eingefordert.

- Bereits seit langem bekannte Ideen und Verbesserungsvorschläge der Mitarbeiter werden nicht umgesetzt.
- Die Mitarbeiter einer Abteilung tauschen sich zu den für sie jeweils täglich auftretenden Aufgaben, Fehlern, Herausforderungen nicht aus.
- Es gibt keinen Einarbeitungsplan für neue Mitarbeiter.

Aufbauend auf den genannten Beispielen müssen Unternehmen, die sich mit der Umsetzung von Lean Administration intensiver beschäftigen möchten, zunächst vor allem diese Frage beantworten: Wie werden die verschiedenen Arten der Verschwendung überhaupt effizient erkannt? Für die Beantwortung der Frage haben sich verschiedene Methoden in der betrieblichen Praxis bewährt. Einige werden in den folgenden Kapiteln genannt und in knapper Form vorgestellt.

Lean Administration – Verschwendung erkennen

5

Die in diesem Kapitel genannten, einfachen Analyseinstrumente können dabei helfen, die jeweilige Ausgangssituation der Prozesse möglichst detailliert zu erfassen und Verschwendung zu verdeutlichen. Durch entsprechend gesammelte und aufbereitete Zahlen, Daten und Fakten ergibt sich ein besseres Verständnis für den Prozess und eine objektivere Basis für die weitere Vorgehensweise. In diesem Essential werden die Methoden lediglich kurz genannt und einige wesentliche Eigenschaften werden angesprochen. Das Ziel besteht darin, konkrete Ideen für einen ersten Einstieg in die Thematik anzubieten.

SIPOC-Analyse

Um eine Reduzierung von Verschwendung in administrativen Prozessen zu erreichen, muss zunächst verdeutlicht werden, worin überhaupt die Wertschöpfung des jeweiligen Prozesses besteht. Oder anders formuliert: Was erwartet der (interne oder externe) Kunde von einem Prozess? Eine solche Kundenorientierung kann in einem ersten Schritt durch die sogenannte SIPOC-Analyse erreicht werden.[1] Dabei handelt es sich um eine Methode, bei der der jeweils zu betrachtende Prozess aus Sicht des Prozesskunden in seine einzelnen Schritte zerlegt wird. Die grobe Abfolge der aufeinander folgenden Tätigkeiten wird deutlich. Dies zeigt schon die Bedeutung der Abkürzung SIPOC, welche für die Begriffe **S**upplier, **I**nput, **P**rocess, **O**utput und **C**ustomer steht. Der „Supplier“ ist der Lieferant (Mensch, Abteilung, Organisation) des für den Prozess erforderlichen

[1]Vgl. zur SIPOC-Analyse u. a. Toutenburg; Knöfel (2009), S. 66–69.

F. Balsliemke und A. Behrens, *Einstieg in Lean Administration*, essentials,
https://doi.org/10.1007/978-3-658-27868-7_5

„Inputs“, also der Lieferant von notwendigen Ressourcen und Informationen. Der „Process“ symbolisiert den zu optimierenden Prozessschritt selbst, während der „Output“ dessen gewünschte Ergebnisse dokumentiert. Der „Customer“ schließlich ist der Empfänger (Mensch, Abteilung, Organisation) dieser Ergebnisse. Es geht dabei vorrangig um das zunächst noch sehr grobe Verständnis der Prozessschritte zwischen einem definierten Prozessanfang und einem definierten Prozessende. Die Darstellung erfolgt daher zumeist auf einer noch wenig detaillierten Betrachtungsebene und zum Beispiel im Rahmen einer einfachen tabellarischen Erfassung. Tab. 5.1 zeigt ein Beispiel.

Die SIPOC-Analyse bildet typischerweise lediglich den Auftakt einer intensiveren Beschäftigung mit einem Prozess. Auch wenn die dabei gewonnenen Erkenntnisse im Anschluss noch weiter auszuarbeiten sind, bilden die im Rahmen der Analyse zu beantwortenden Fragen doch die entscheidende Grundlage für alle weiteren Maßnahmen:

- Wer sind die Lieferanten der jeweiligen Prozesseingangsgrößen?
- Welche Eingangsgrößen werden für den Prozess überhaupt benötigt?
- Welche Prozessanforderungen sind zu beachten?
- Um welchen Prozess geht es? Womit startet und endet der Prozess? Welches sind die bedeutendsten Prozessschritte?

Tab. 5.1 Ein Beispiel zur SIPOC-Analyse

S Supplier	I Input	P Process	O Output	C Customer
Einkauf	Bestelldaten	Auslösung einer Bestellung	Ausgefülltes Bestellformular per Mail	Externer Lieferant
Externer Lieferant	Bestellte Ware mit Lieferschein	Annahme der Ware und Unterschreiben des Lieferscheins	Bestellte Ware bzw. abgezeichneter Lieferschein	Einkauf bzw. externer Lieferant
Externer Lieferant	Rechnung als PDF per Mail	Eingang der Rechnung	Rechnung als PDF per Mail	Poststelle
Poststelle	Rechnung als PDF per Mail	Weiterleitung der Rechnung	Rechnung als PDF per Mail	Einkauf
Einkauf	Ausdruck der Rechnung	Rechnungsprüfung	Abgezeichnete Rechnung	Poststelle
Poststelle	Abgezeichnete Rechnung	Weiterleitung an die Buchhaltung	Abgezeichnete Rechnung	Buchhaltung
Buchhaltung	Zahldaten auf Rechnung	Zahlung der Rechnung	Überweisung	Externer Lieferant

- Was ist das Prozessergebnis?
- Welche Kundenanforderungen sind zu beachten?
- Wer sind die Empfänger des Prozessergebnisses?

RACI

Für die Prozesse in den administrativen Bereichen stellen häufig nicht eindeutig fixierte Rollendefinitionen bzw. Stellenbeschreibungen eine große Herausforderung dar. Sie sind täglich Auslöser für Verzögerungen und Wartezeiten in Büro und Verwaltung. Hier setzt unter anderem die Methode RACI an, die versucht, Rollen und Verantwortlichkeiten in Prozessen zu identifizieren und auf einfache Art übersichtlich festzuhalten. Die Abkürzung RACI ergibt sich wie bereits bei der SIPOC-Analyse aus den Anfangsbuchstaben der methodenrelevanten Begriffe:

- **R**esponsible:
  Wer ist die durchführende Stelle eines Prozessschrittes?
- **A**ccountable
  Wer ist rechtlich bzw. kaufmännisch für die Tätigkeit verantwortlich?
- **C**onsulted
  Wer kann beratend unterstützen? Wer liefert Informationen?
- **I**nformed
  Wer ist über das Ergebnis eines Prozessschrittes in Kenntnis zu setzen bzw. wer darf dazu Informationen einfordern?

In der Regel sollte genau eine Person je Teilprozessschritt „Accountable" sein, um widersprüchliche Vorgaben zu vermeiden. Es können aber durchaus mehrere Personen „Responsible", „Consulted" oder „Informed" sein. Natürlich kann eine betrachtete Stelle auch zugleich „Responsible" und „Accountable" sein.

Wie bereits die SIPOC-Analyse, geht auch die RACI-Methode auf eine sehr einfache und wenig aufwendige Art und Weise vor: Es wird eine Tabelle angefertigt, in deren linker Spalte alle (Teil-)Prozesse untereinander aufgeführt sind. Diese (Teil-)Prozesse können aus der SIPOC-Analyse, genauer gesagt aus der dortigen Spalte „Process", übernommen werden. Als Spaltenüberschriften der RACI-Tabelle dienen die an der Umsetzung der Teilprozesse beteiligten Stellen und Abteilungen. An den Schnittstellen von Stelle und Prozess erfolgt jeweils der Eintrag der entsprechenden Buchstabenkürzel. Tab. 5.2 zeigt ein Beispiel.

Tab. 5.2 Ein Beispiel zur Methode RACI

(Teil-)Prozess	Sachbearbeitung Einkauf	Leitung Einkauf	Buchhaltung	Poststelle	Externer Lieferant
Auslösung einer Bestellung	R	A	C		I
Annahme der Ware und unterschreiben des Lieferscheins	I	A		R	I
Eingang der Rechnung	I			R	C
Weiterleitung der Rechnung	I			R	
Rechnungsprüfung	R	A	I		C
Weiterleitung an die Buchhaltung			I	R	
Zahlung der Rechnung	I		R		I

In vielen Fällen eignen sich SIPOC und RACI als erste Schritte einer weiterführenden Analyse der administrativen Prozesse. Der nächste Schritt im Anschluss kann der Einsatz von *Makigami* bzw. der *Swimlane-Technik* sein. Beide ähneln in ihrer Zielsetzung der aus Produktion und Logistik bekannten Wertstromplanung.

Wertstromplanung

Die Wertstromplanung ist ein weit verbreitetes und erprobtes Instrument zur transparenten Darstellung von Fertigungs- und Logistikprozessen. Bei diesem Verfahren wird mit Hilfe von einfachen Symbolen und ergänzenden Kennzahlen zunächst der aktuelle Ist-Zustand dokumentiert, um ein für alle Beteiligten einheitliches Bild der Prozesskette in Produktion und Logistik zu erhalten. Anschließend erfolgt die Konzeption eines Soll-Zustands, der einen geringeren Anteil an Verschwendung und damit einen höheren Grad an Wertschöpfung realisieren soll.[2]

„Unter einem Wertstrom versteht man alle Aktivitäten (sowohl wertschöpfend als auch nicht-wertschöpfend), die notwendig sind, um ein Produkt durch die Hauptflüsse zu bringen, die für jedes Produkt entscheidend sind."[3] *Rother* und

[2]Vgl. zur Idee der Wertstromplanung u. a. Rother, Shook (2011), S. 3–5.

[3]Vgl. Rother, Shook (2011), S. 3.

Shook schließen damit zwar in einen Wertstrom neben dem Fertigungsprozess auch alle logistischen Aspekte und durchaus sogar den vorhergehenden Entwicklungsprozess ein. Gleichzeitig aber schränken sie die Anwendung der von ihnen maßgeblich geprägten Wertstromplanung eher auf den direkten operativen Fertigungs- und Logistikprozess ein. Der Schwerpunkt der Wertstromplanung liegt auf einer kombinierten Darstellung von Material- und Informationsfluss. Diese Kombination ist im indirekten Bereich in der Regel nicht gegeben. Deshalb kommen für eine weiterführende Darstellung der Erkenntnisse einer SIPOC-Analyse zumeist andere Methoden zum Einsatz, die besser an die Anforderungen indirekter Bereiche angepasst sind. Dazu zählt unter anderem die kombinierte Nutzung von *Makigami* und *Swimlane-Technik.*

Makigami und Swimlane-Technik

Frei übersetzt aus dem Japanischen bedeutet der Begriff Makigami so viel wie „gerolltes Papier" oder „Papierrolle" und drückt damit bereits den Startpunkt einer entsprechenden grafischen Analyse aus: Eine leere Rolle bzw. ein leeres Blatt Papier (zum Beispiel Brown-Paper auf Pinnwänden), worauf der zu optimierende Prozess manuell mit standardisierten Symbolen abgebildet wird. Zunächst werden dabei in einem interdisziplinären Team die am Prozess beteiligen Personen und Abteilungen identifiziert. Anschließend werden diese um die jeweiligen konkreten Tätigkeiten in der realen Abfolge ergänzt. Bereits bei der Erfassung kann gemeinsam mit allen Beteiligten betrachtet werden, an welchen Stellen im Prozess es zu Fehlern kommen könnte oder wo unter Umständen benötigte Informationen fehlen. Parallel wird festgehalten, ob die einzelnen Arbeitsschritte wertschöpfend in Bezug auf einen definierten Output sind. Mit steigendem Detaillierungsgrad können dann nach und nach auch die innerhalb des Prozesses relevanten Dokumenten- und Informationsflüsse festgehalten werden.

Kombiniert wird Makigami dabei mit der Idee der Swimlane-Technik: Jede beteiligte Funktion im Prozess wird als eine eigene „Schwimmbahn", also als jeweils eigene Zeile, dargestellt. Auf diese Weise entsteht ein Bild des betrachteten Workflows, das auf den ersten Blick verdeutlicht, wie die Prozesse quasi durch die Organisation bzw. grafisch von Zeile zu Zeile springen. Die Sprünge durch die Organisation sind dabei nichts anderes als die Schnittstellen, an denen Informationen innerhalb einer Abteilung oder zwischen Abteilungen ausgetauscht werden müssen: Der jeweilige Prozess wird an den nächsten Schritt übergeben. Die Darstellung mithilfe der Schwimmbahnen verdeutlicht parallele

Tätigkeiten und lässt Verzweigungen in den Prozessen offensichtlich werden. Wie im Rahmen der Wertstromplanung erhalten alle Beteiligten ein gemeinsames Bild des Prozesses. Besonders geeignet erscheint die Methode für die Darstellung von Prozessabläufen mit vielen Zuständigkeitswechseln und somit mit einer hohen Schnittstellenzahl.

Die eingangs angesprochene Studie des Fraunhofer Instituts aus dem Jahr 2010 weist darauf hin, dass 55 % der Befragten die wesentliche Ursache für Verschwendung in schlecht abgestimmten Prozessen sehen. Hier setzen die bisher in diesem Essential genannten Methoden an. Immerhin 30 % der Antworten in der Studie nennen darüber hinaus unstrukturierte und unübersichtliche Arbeitsplätze als weitere Gründe für Verschwendung in der Verwaltung.[4] Hier können, genauso wie in Produktion und Logistik, typische Methoden des Lean Management wie zum Beispiel 5S oder eine weitgehende Standardisierung ansetzen. Eine thematische Verbindung zwischen beiden Aspekten, der Strukturierung einzelner Arbeitsplätze und der Optimierung ganzer Abläufe, stellt die Frage nach der effizienten Versorgung der Mitarbeiter mit den jeweils von ihnen benötigten Informationen dar. Denn auf der einen Seite sind die in Unternehmen arbeitenden Menschen alltäglich auf der Suche nach den für Aufgaben jeweils dringend erforderlichen Informationen, die ihnen aber häufig nicht in angemessener Form zur Verfügung stehen. Auf der anderen Seite werden sie gleichzeitig mit Informationen überhäuft, die sie gar nicht benötigen. So zählen Informationsunterdeckung und Informationsüberdeckung zu den wesentlichen Ursachen für Verschwendung in Unternehmen.

Informationsstrukturanalyse

Eine Informationsstrukturanalyse (ISA) setzt genau hier an und soll den Bedarf und das Angebot an Informationen in Arbeitsprozessen abgleichen:[5]

- Wer stellt welche Informationen zur Verfügung?
- Wer erhält welche Informationen?
- Wer benötigt noch welche Informationen?

[4] Vgl. zu den Ergebnissen der Studie Westkämper, Sihn (2010), S. 26.

[5] Zur Informationsstrukturanalyse vgl. Wiegand, Franck (2011), S. 115–118.

Im Rahmen einer ISA erfassen zunächst alle Mitarbeiter eines Arbeitsbereiches im Rahmen einer Selbsterfassung über einen fest zu definierenden Zeitraum, ...

...welche Informationen sie an welche anderen Stellen weitergeben.
...welche Informationen sie von welchen anderen Stellen bekommen.
...in welcher Form sie diese Daten bekommen (Papier, EDV...).
...in welchem Rhythmus sie diese Daten bekommen bzw. weitergeben.
...welche Daten notwendig sind und welche Daten noch fehlen.
...welche Daten sie jeweils zusätzlich selbst erzeugen und speichern.

Die Ergebnisse einer solchen strukturierten Selbsterfassung können viele Schwachpunkte und typische Verschwendungen in administrativen Prozessen aufzeigen, zum Beispiel Suchvorgänge und redundante Datenhaltung. Ziel einer Informationsstrukturanalyse ist es, alle notwendigen Informationen zur richtigen Zeit, in der richtigen Form, am richtigen Arbeitsplatz zu haben, ohne dass nicht benötigte Daten an die Arbeitsplätze kommen. Mailverteiler können aktualisiert sowie bereinigt werden und Zeiten für Suchen oder Sortieren entfallen, wenn Folgendes geklärt werden kann:

- Welche Informationen fehlen in welchen Bereichen?
- Welche Informationen werden ohne Notwendigkeit an welche Verteiler gesendet?
- Passt die Frequenz der Datenversorgung (Zu selten? Zu häufig?)
- Treten viele Medienbrüche in der Kommunikation auf?
- Werden Daten häufig mehrfach erfasst bzw. gespeichert?

Tab. 5.3 zeigt ein fiktives Beispiel eines ausgefüllten Aufnahmebogens für eine Informationsstrukturanalyse.

Tab. 5.3 Ein Beispiel zur Informationsstrukturanalyse. (Quelle: In Anlehnung an Saheb 2014, S. 91 f.)

Aufnahmebogen Informationsstrukturanalyse (ISA)												
	Abteilung									Info-Art		
Informationslieferung bzw. Informationsbedarf	Kfm. Leitung	ERP-System	Produktion	IT-Abteilung	Außendienst	Produktmanager	Logistik	Verkauf	Kundde	EDV	Papier	mündlich
Kundenauftrag			2		1	2	4	3	1		x	
Auftragsbestätigung					1				4		x	
Freigabe Produkt im System	1	1	2		2					x		
Rückmeldung fertiges Produkt		1	1		4		4	2		x		
Auslieferungsauftrag					4		2	1		x	x	
Lieferschein							1		2		x	

1 - Erstellt Information
2 - Verwendet Information
3 - Benötigt Information
4 - Bekommt Information ohne zu benötigen

6 Lean Administration – Den Einstieg wagen

Eine der größten Herausforderungen für Unternehmen in allen Branchen besteht heute darin, individuelle Kundenwünsche in immer kürzeren Produktlebenszyklen und in höchster Qualität zu akzeptablen Kosten zu erfüllen. Um diese Herausforderung meistern zu können, braucht es optimierte Prozesse, nicht nur in Produktion und Logistik, sondern auch in Büro und Verwaltung. Lean Management ist ein möglicher Ansatz, die Ziele zu erreichen. Hierzu sei noch einmal die Studie des Fraunhofer Instituts zum Thema Lean Office zitiert: Während heute noch mehr als 70 % der Befragten den Schwerpunkt der Lean-Aktivitäten mindestens auch in der Produktion sehen, liegt das größte Potential aber nach Ansicht von fast 80 % mindestens auch in der Administration. Abb. 6.1 stellt dieses Potential grafisch dar.

Viele Unternehmen stehen bei einer systematischen Optimierung ihrer Büro- und Verwaltungsprozesse noch weitgehend am Anfang. Mit Hilfe von neuen Methoden und Denkanstößen, die an die Besonderheiten administrativer Prozesse angepasst sind, ließe sich erhebliches Verbesserungspotential identifizieren. Für die weitere Entwicklung scheint eine Schlussfolgerung nahezuliegen: Auch die Verantwortlichen in Unternehmen, die modernen Ansätzen in der Organisation ihrer Verwaltung bisher eher skeptisch gegenüberstehen, müssen Antworten auf den zunehmenden Wettbewerb und den damit verbundenen Qualitäts-, Kosten- und Flexibilitätsdruck finden. Das Thema Lean Administration bietet dafür viele Lösungen an.

F. Balsliemke und A. Behrens, *Einstieg in Lean Administration*, essentials,
https://doi.org/10.1007/978-3-658-27868-7_6

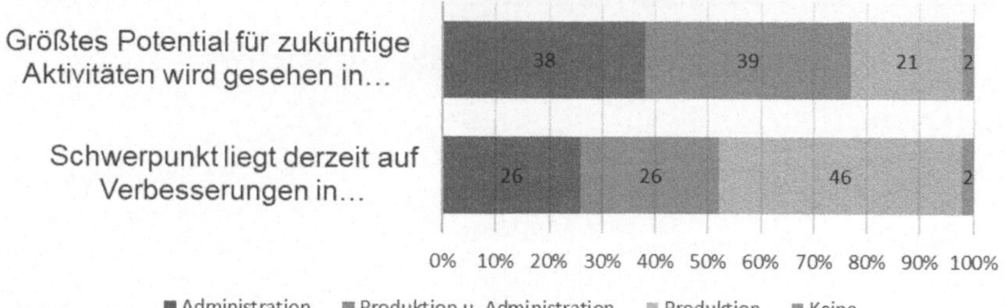

Abb. 6.1 Schwerpunkte und Potentiale im Lean Management. (Quelle: Westkämper, Sihn (2011), S. 23)

Was Sie aus diesem *essential* mitnehmen können

- Wie lassen sich die verschiedenen Formen der Verschwendung in Büro und Verwaltung identifizieren?
- Erkennen der wichtigsten Ursachen für diese Verschwendung in Büro und Verwaltung.
- Welche Methoden unterstützen einen ersten Einstieg in Lean Administration?

F. Balsliemke und A. Behrens, *Einstieg in Lean Administration,* essentials,
https://doi.org/10.1007/978-3-658-27868-7

Literatur

Furukawa-Caspary, M.: Lean auf gut Deutsch. Band 1: Einführung und Bestandsaufnahme, Books on Demand, Norderstedt, 2016.

Ohno, T.: Das Toyota Produktionssystem, 3., erweiterte Auflage, Frankfurt, New York, Campus Verlag, 2013.

Rother, M.; Shook, J.: Sehen lernen. Mit Wertstromdesign die Wertschöpfung erhöhen und Verschwendung beseitigen, Mühlheim, Lean Management Institut, Deutsche Ausgabe, Version 1.4, 2011.

Saheb, K.: Lean Administration. Schritt für Schritt. 1. Die Analyse, Aachen, Shaker Media, 2014.

Saheb, K.: Lean Administration. Schritt für Schritt. 2. Die Umsetzung, Aachen, Shaker Media, 2017.

Schewe, S.; Herbig, N.: Lean Administration. Methoden der Prozessvisualisierung und Prozessoptimierung, Norderstedt, Books on Demand, 2015.

Teeuwen, B.: Lean Management im öffentlichen Sektor. Bürgernähe, steigern. Bürokratie abbauen. Verschwendung beseitigen, Ansbach, CETPM Publishing, 2012.

Toutenburg, H.; Knöfel, P.: Six Sigma. Methoden und Statistik für die Praxis, 2., verbesserte und erweiterte Auflage, Berlin, Heidelberg, Springer Verlag, 2009.

Westkämper, E.; Sihn, W. (Hrsg.): Lean Office 2010. Erfolgsfaktoren der Lean-Implementierung in indirekten Unternehmensbereichen, Stuttgart, Fraunhofer Verlag, 2011.

Wiegand, B.; Franck, P.: Lean Administration I. So werden Geschäftsprozesse transparent. Die Analyse, Version 4.0, Mühlheim an der Ruhr, Lean Management Institut, 2011.

Wiegand, B.; Pöhls, K.: Lean Administration II. So managen Sie Geschäftsprozesse richtig. Die Optimierung, Version 2.0, aktualisierte Neuauflage, Aachen, Lean Management Institut, 2009.

F. Balsliemke und A. Behrens, *Einstieg in Lean Administration,* essentials,
https://doi.org/10.1007/978-3-658-27868-7